5권 특별한 소리

SUPER MAGIC PHONICS

슈퍼 매직 파닉스 학습 로드맵

Let's Go!

첫 파닉스, 캐릭터 소리로 즐겁게 시작해요!

파닉스, 왜 중요할까요?

'파닉스'는 글자와 소리의 관계를 배우는 학습법이에요. 글자 소리를 익히고 그 소리들을 조합해서 단어를 읽을 수 있도록 도와주지요. 영어를 시작하는 아이들이 파닉스를 배우면 처음 보는 영어 단어도 쉽게 소리 내어 읽을 수 있답니다. 특히 단어를 통째로 외우기보다, 아이가 스스로 단어를 읽는 힘을 기를 수 있어 영어 학습 초기에 더욱 효과적이에요.

알파벳 캐릭터 친구들과 함께 재미있게 파닉스를 익혀요!

파닉스를 배울 때 기본은 알파벳 26글자의 대표 소리를 익히는 거예요. 《슈퍼 매직 파닉스》에는 알파벳 글자의 대표 소리를 내는 캐릭터들이 등장해요. 예를 들어, a 캐릭터는 앰뷸런스의 사이렌이 울리듯 '애' 소리를 내고, m 캐릭터는 맛있는 음식 냄새를 맡는 것처럼 '음' 소리를 내요. 알파벳 캐릭터 친구들이 내는 소리를 재미있게 따라하다 보면, 알파벳 글자의 대표 소리를 쉽게 기억할 수 있어요.

동영상 속 노래를 신나게 따라 부르면 단어가 술술 읽혀요!

영어를 시작하는 아이들에게는 의미 있는 학습 놀이를 통해 흥미를 끌어주는 것이 중요해요. 《슈퍼 매직 파닉스》는 알파벳 캐릭터 친구들이 나오는 216편의 노래와 챈트 동영상, 그리고 책 속 다양한 학습 놀이 활동으로 파닉스를 즐겁게 배울 수 있습니다. 개성 넘치는 알파벳 캐릭터 친구들의 노래와 챈트를 따라 부르다 보면 어느새 글자 소리가 입에 착 붙고, 단어가 술술 읽히게 될 거예요. 또, 책에서 스티커 붙이기와 글자 쓰기 활동으로 글자와 소리의 관계를 한 번 더 확인할 수 있어요.

《슈퍼 매직 파닉스》는 아이들이 글자를 보고 자신 있게 소리 내어 읽을 수 있는 힘을 길러줍니다. 알파벳 캐릭터 친구들과 함께 신나는 첫 파닉스를 시작해 보세요!

- 슈퍼홈스쿨연구소 -

슈퍼 파닉스 학습 가이드

꼭 배워야 알 수 있는 특별한 소리!

《슈퍼 매직 파닉스》 1-4권까지 알파벳 글자의 대표 소리를 배우고, 블렌딩으로 단어를 부드럽게 이어 읽는 방법을 익혔어요. 그런데 영어 단어를 읽다 보면 우리가 배운 소리 규칙대로 읽을 수 없는 특별한 경우들이 있어요. 바로 모음 두 개가 나란히 있거나, 자음 글자 두 개가 나란히 오는 경우입니다. 이때는 알파벳 글자들의 대표 소리가 아닌 다른 **특별한 소리**가 나기 때문에 이 규칙들을 꼭 알아 두어야 단어를 더 정확하게 읽을 수 있습니다.

이중모음의 특별한 소리

이중모음은 모음과 모음이 나란히 있는 것을 말해요. 모음 두 개가 나란히 있을 때 두 모음의 대표 소리를 그대로 내지 않고, 하나의 소리처럼 길게 소리 내요. 예를 들어, ee는 e와 e가 나란히 있어서 '에에'로 소리 날 것 같지만, 실제로는 '이'라고 길게 소리 나요.

oa도 마찬가지예요. o와 a가 나란히 있어서 '아애'로 소리날 것 같지만, '오우'로 소리 나요. 이렇게 이중모음의 특별한 소리를 익히면 bee, tree, boat, coat처럼 이중모음이 들어간 다른 단어들도 쉽게 읽을 수 있어요.

이중자음의 특별한 소리

이중자음은 자음과 자음이 나란히 있는 것을 말해요. 이중자음에는 4권에서 배운 것처럼 두 글자의 소리를 그대로 이어서 내는 경우도 있지만, ch와 sh처럼 두 자음이 만나 하나의 새로운 소리를 내기도 해요. 예를 들어, ch는 c의 'ㅋ' 소리와 h의 'ㅎ' 소리를 그대로 이어 'ㅋㅎ'로 소리 날 것 같지만, 실제로는 '취'라는 새로운 소리가 납니다. sh도 'ㅅㅎ'가 아닌 '쉬'라는 새로운 소리가 나요.

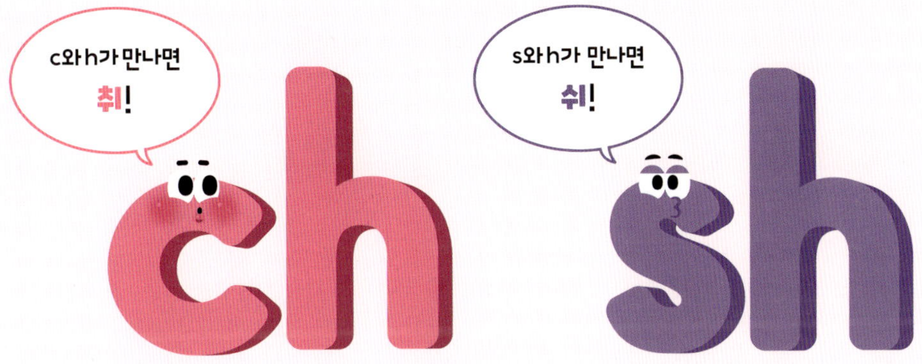

《슈퍼 매직 파닉스》 5권에서는 두 글자가 만나 특별한 소리를 내는 새로운 캐릭터 친구들이 등장해요. 이들이 내는 특별한 소리를 잘 익혀서 긴 단어도 자신 있게 읽어 보세요!

• 영어 발음을 쉽게 이해할 수 있도록 우리말로 표기했습니다. 정확한 발음은 동영상의 원어민 소리를 듣고 따라하며 익혀 주세요.

이렇게 공부해요

Step 1 소리 듣기

슈퍼 파닉스 친구들을 만나는 페이지입니다. QR 코드를 찍어 슈퍼 파닉스 친구들이 나오는 동영상을 보고, 노래를 따라 불러요.

• 한국어 가사로 노래를 익힌 후, 영어 가사로 신나게 따라 불러 보세요.

Step 2 소리 알기

Lesson Guide

레슨 가이드를 활용하여 아이와 대화를 나눠 보세요.

숨은그림찾기로 앞에서 배운 단어를 복습해요.

❶ 소리 알기 QR 코드를 찍어 동영상을 먼저 보세요. 슈퍼 파닉스 친구들이 내는 소리를 듣고 재미있게 따라하며 익혀요.

❷ 단어 알기 일상에서 자주 사용하는 단어에서 오늘 배운 소리를 찾아보고, 큰 소리로 따라 읽어 보세요.

Step 3 단어 읽기

❶ 챈트 따라 부르기 QR 코드를 찍어 워드 챈트를 듣고 신나게 따라 불러요.

❷ 스티커 붙이기 스티커를 붙이며 특별한 소리를 한 번 더 연습해요.

❸ 활동하기 선 긋기, 스티커 붙이기, 글자 따라 쓰기 등 다양한 활동을 하면서 특별한 소리를 정확하게 익혀요.

Step 4 복습하기

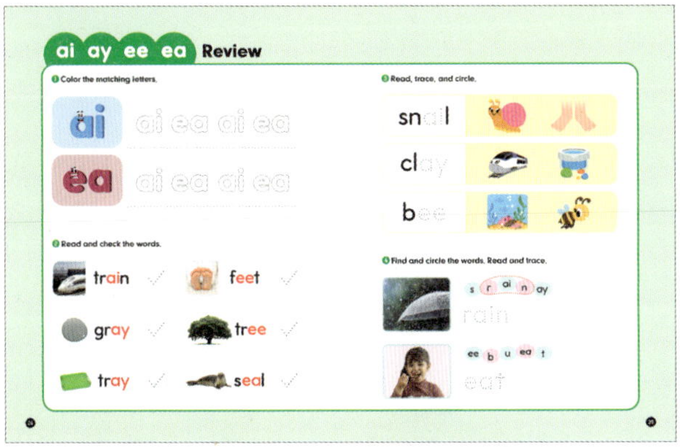

Review

앞에서 배운 소리와 단어를 복습해요. 다양한 연습문제를 풀어보며 글자와 소리를 연결하고, 단어를 읽어요.

Word Review

특별한 소리가 들어간 단어를 읽고 쓰면서 한 권을 마무리해요.

Special Sounds 특별한 소리

한국어

특별한 소리

English

Special Sounds

ue!

ue

ui!

ui

ch!

ch

sh!

sh

ai Sound 소리 알기

Lesson Guide

- 아이와 함께 ai 소리를 재미있게 따라 해 보세요.

  "ai는 '에이' 소리가 나. 비 오는 날을 좋아하는 ai처럼 즐겁게 '에이' 하고 소리 내어 보자!"

- 그림에서 ai가 들어간 단어를 찾아 손으로 짚어 보세요.

  "칙칙폭폭! snail이 운전하는 train이 도착했어!"

QR Scan Watch Repeat

ai Word Chant

Chant

• Watch the video. Stick and chant.

ai · ai » rain

ai · ai » snail

ai · ai » train

rain

snail

train

• Read, trace, and follow the lines.

r ai n

sn ai l

tr ai n

snail

train

rain

• Stick and read the word. Draw the picture.

ay Sound 소리 알기

Lesson Guide

- **아이와 함께 ay 소리를 재미있게 따라 해 보세요.**

  "ay는 '에이' 소리가 나. 힙합을 좋아하는 ay처럼 신나게 '에이' 하고 소리 내어 보자. ai와 ay는 똑같이 '에이' 소리가 나네!"

- **그림에서 ay가 들어간 단어를 찾아 손으로 짚어 보세요.**

  "생쥐가 춤추는 거북이의 모습을 clay로 만들고 있어!"

QR Scan ▶ Watch Repeat

tray
쟁반

gray
회색

clay
점토

Find the pictures!

ay Word Chant

Chant

• Watch the video. Stick and chant.

ay · ay » clay

ay · ay » gray

ay · ay » tray

clay

gray

tray

• Read, trace, and follow the lines.

cl ay

gr ay

tr ay

gray

clay

tray

• Stick and read the word. Draw the picture.

ee Sound 소리 알기

Lesson Guide

- 아이와 함께 ee 소리를 재미있게 따라 해 보세요.
  "ee는 '이' 하고 길게 소리 나. ee는 양치하듯 입을 옆으로 벌려 길게 '이' 소리를 내."
- 그림에서 ee가 들어간 단어를 찾아 손으로 짚어 보세요.
  "커다란 tree 옆에 날아가는 bee를 찾아보자!"

Tip feet은 두 개의 발을 뜻해요. 발 하나를 말할 때는 foot이라고 해요.

QR Scan Watch Repeat

ee Word Chant

Chant

• Watch the video. Stick and chant.

ee · ee » bee

ee · ee » feet

ee · ee » tree

bee

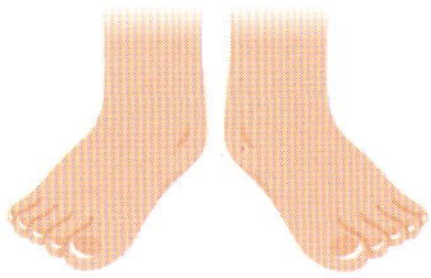

feet

tree

• **Read, trace, and follow the lines.**

tr ee

f ee t

b ee

bee

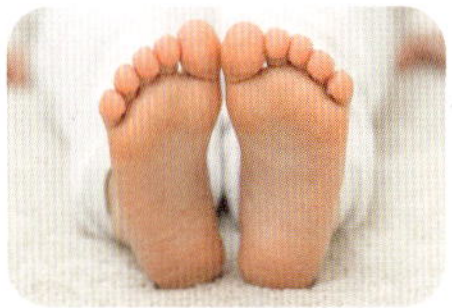

feet

tree

• **Stick and read the word. Draw the picture.**

ea Sound 소리 알기

Lesson Guide

- 아이와 함께 ea 소리를 재미있게 따라 해 보세요.

  "ea는 '이' 하고 길게 소리 나. ea처럼 눈에 힘을 주고 레이저 빔을 쏘듯 길게 '이' 소리를 내어 보자! ee와 ea는 똑같이 '이' 소리가 나네!"

- 그림에서 ea가 들어간 단어를 찾아 손으로 짚어 보세요.

  "춤을 추는 seal도 있고, 수박 먹는 seal도 있네!"

QR Scan ▶ Watch Repeat

seal

물개

eat

먹다

sea

바다

Find the pictures!

ea Word Chant

Chant

• Watch the video. Stick and chant.

ea · ea » eat

ea · ea » sea

ea · ea » seal

eat

sea

seal

• Read, trace, and follow the lines.

ea t

s ea l

s ea

seal

eat

sea

• Stick and read the word. Draw the picture.

ai ay ee ea Review

❶ Color the matching letters.

ai ea ai ea

ai ea ai ea

❷ Read and check the words.

 train

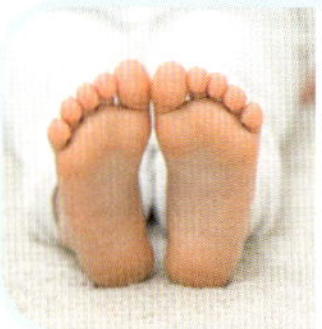 feet

 gray

 tree

 tray

 seal

3 **Read, trace, and circle.**

snail

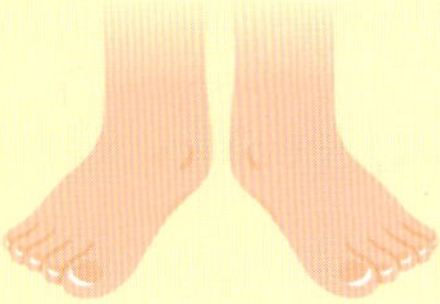

clay

bee

4 **Find and circle the words. Read and trace.**

s r ai n ay

rain

ee b u ea t

eat

oa Sound 소리 알기

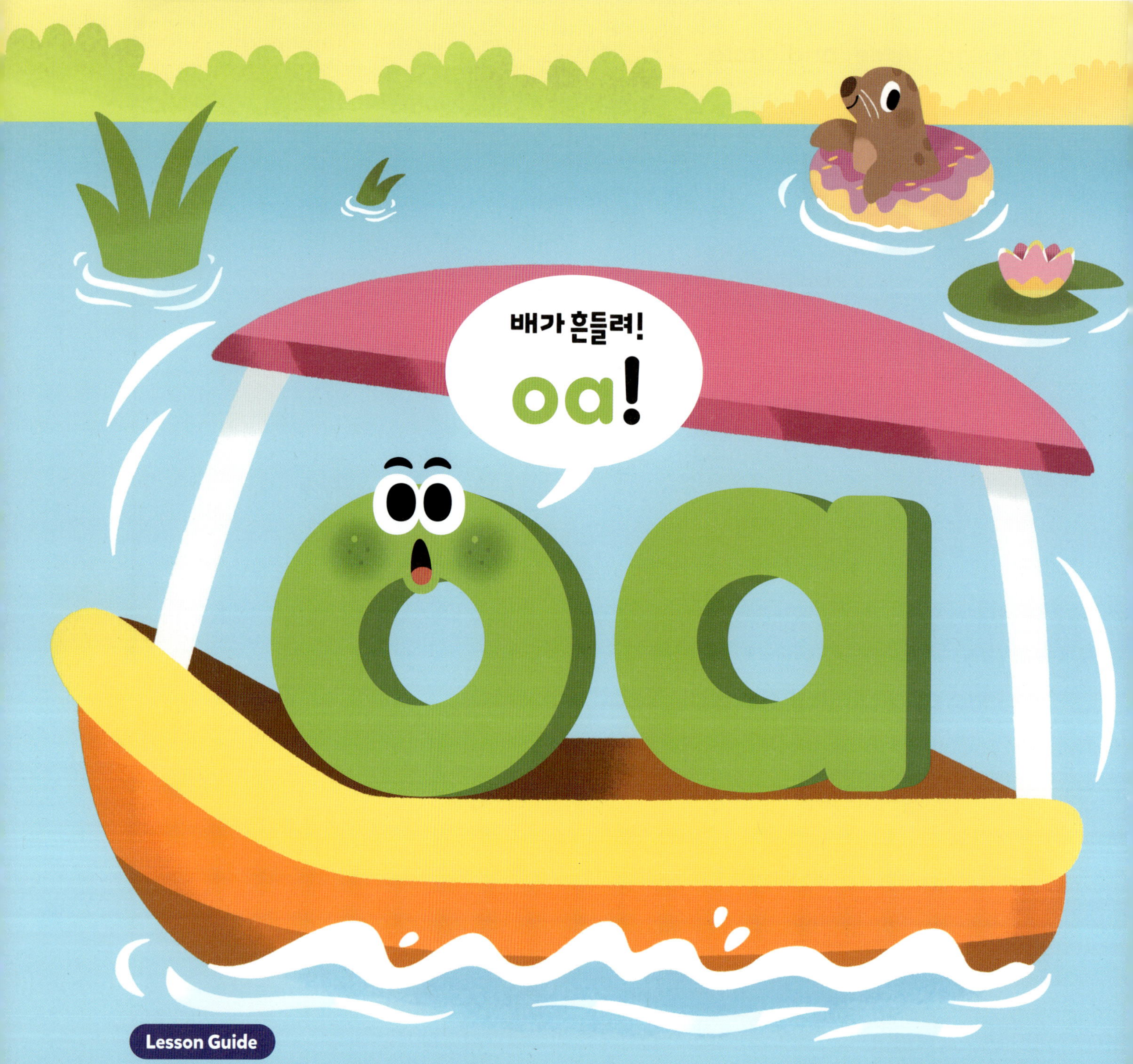

Lesson Guide

- 아이와 함께 oa 소리를 재미있게 따라 해 보세요.
  "oa는 '오우' 소리가 나. oa는 배가 흔들릴 때마다 '오우' 하고 소리 내."
- 그림에서 oa가 들어간 단어를 찾아 손으로 짚어 보세요.
  "멋진 coat를 입은 여우가 boat를 기다리고 있나 봐!"

QR Scan ▶ Watch 💬 Repeat

oa Word Chant

Chant

• Watch the video. Stick and chant.

oa · oa » boat

oa · oa » coat

oa · oa » goat

boat

coat

goat

• **Read, trace, and follow the lines.**

g oa t

b oa t

c oa t

boat

coat

goat

• **Stick and read the word. Draw the picture.**

ow Sound 소리 알기

Lesson Guide

- 아이와 함께 ow 소리를 재미있게 따라 해 보세요.

  "ow는 '오우' 소리가 나. 눈을 좋아하는 ow처럼 신나게 '오우' 하고 소리 내어 보자!
  oa와 ow는 둘 다 '오우' 소리가 나네!"

  Tip ow는 '아우' 로도 소리 나요. '아우' 소리가 나는 단어로는 cow(소)와 bow(절하다) 등이 있어요.

- 그림에서 ow가 들어간 단어를 찾아 손으로 짚어 보세요.

QR Scan ▶ Watch … Repeat

snow

눈이 오다

blow

불다

crow

까마귀

ow Word Chant

Chant

• Watch the video. Stick and chant.

ow · ow » blow

ow · ow » crow

ow · ow » snow

blow

crow

snow

• Read, trace, and follow the lines.

cr ow

sn ow

bl ow

blow

snow

crow

• Stick and read the word. Draw the picture.

ue Sound 소리 알기

Lesson Guide

- 아이와 함께 ue 소리를 재미있게 따라 해 보세요.

  "ue는 '우' 하고 길게 소리 나. 몸이 풀처럼 끈적끈적한 ue는 풀이 끈적하게 늘어나듯 길게 '우' 소리를 내."

  Tip ue는 '유' 로도 소리 나요. '유' 소리가 나는 단어로는 cue(신호)와 hue(색조) 등이 있어요.

- 그림에서 ue가 들어간 단어를 찾아 손으로 짚어 보세요.

QR Scan · Watch · Repeat

glue
풀

blue
파란색

Find the pictures!

ue Word Chant

Chant

• Watch the video. Stick and chant.

ue · ue » blue

ue · ue » glue

blue

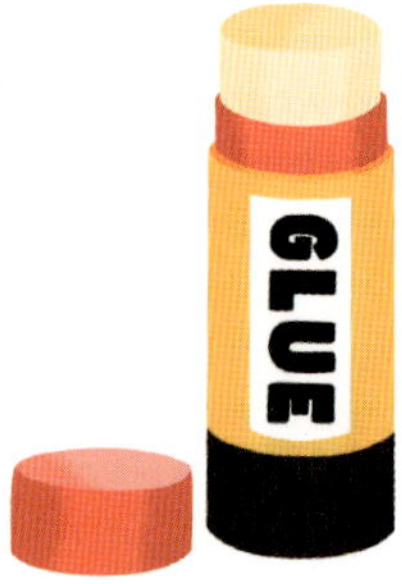

glue

• Read, trace, and follow the lines.

gl ue

bl ue

glue

blue

• Stick and read the word. Draw the picture.

ui Sound 소리 알기

Lesson Guide

- **아이와 함께 ui 소리를 재미있게 따라 해 보세요.**

  "ui는 '우' 하고 길게 소리 나. 상큼하게 윙크하며 '우' 소리를 길게 내어 보자. ue와 ui는 똑같이 '우' 소리가 나네!"

- **그림에서 ui가 들어간 단어를 찾아 손으로 짚어 보세요.**

  "악어가 suit를 입었네. 기린이 입은 수박 드레스도 정말 멋지다!"

Scan Watch Repeat

suit

양복

fruit

과일

Find the pictures!

ui Word Chant

Chant

• Watch the video. Stick and chant.

ui · ui » suit

ui · ui » fruit

suit

fruit

• Read, trace, and follow the lines.

fr ui t

fruit

s ui t

suit

• Stick and read the word. Draw the picture.

oa ow ue ui Review

❶ Color the matching letters.

oa ui oa ui

oa ui oa ui

❷ Read and check the words.

 coat ✓

 blue ✓

 blow ✓

 glue ✓

 crow ✓

 suit ✓

3 **Read, trace, and circle.**

goat

blue

snow

4 **Find and circle the words. Read and trace.**

z b oa t ow

boat

ue f r ui t

fruit

ch Sound 소리 알기

Lesson Guide

- 아이와 함께 ch 소리를 재미있게 따라 해 보세요.
  "ch는 '취' 소리가 나. 뽀뽀하듯이 입술을 내밀고 '취' 하고 소리 내어 보자!"
- 그림에서 ch가 들어간 단어를 찾아 손으로 짚어 보세요.
  "남자아이가 사과를 chop 하고 있어. 친구들과 chat하며 나누어 먹으려나 봐."

Scan Watch Repeat

ch Word Chant

Chant

• Watch the video. Stick and chant.

ch · ch » chat

ch · ch » chin

ch · ch » chop

ch

chat

chin

chop

• Read, trace, and follow the lines.

ch in

ch op

ch at

chat

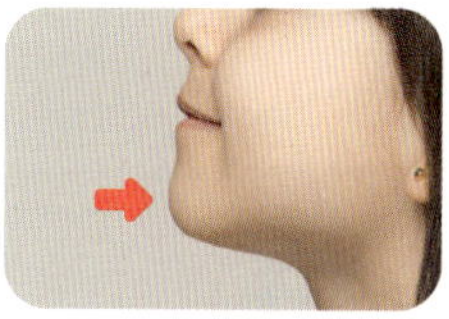

chin

chop

• Stick and read the word. Draw the picture.

ch Sound 소리 알기

Lesson Guide

- 아이와 함께 ch 소리를 재미있게 따라 해 보세요.
  "ch는 '취' 소리가 났지! ch는 단어 뒤에서도 똑같이 '취' 소리가 나."
- 그림에서 ch가 들어간 단어를 찾아 손으로 짚어 보세요.
  "beach에서 peach를 팔고 있네! 부자 악어가 peach를 사고 있어."

QR Scan Watch Repeat

ch Word Chant

Chant

• Watch the video. Stick and chant.

ch · ch » rich

ch · ch » beach

ch · ch » peach

rich

beach

peach

• Read, trace, and follow the lines.

pea ch

ri ch

bea ch

rich

beach

peach

• Stick and read the word. Draw the picture.

sh Sound 소리 알기

Lesson Guide

- 아이와 함께 sh 소리를 재미있게 따라 해 보세요.

  "sh는 조용히 하라는 듯 '쉬' 소리를 내. 우리도 '쉬' 하고 바람 소리를 내어 보자."
- 그림에서 sh가 들어간 단어를 찾아 손으로 짚어 보세요.

  "쉬! 엄마 문어가 아기 문어를 재우려나 봐. 아기 문어는 어떤 shape을 보고 있을까?"

QR Scan ▶ Watch Repeat

ship
배

shape
모양

shell
껍데기

Find the pictures!

sh Word Chant

Chant

• Watch the video. Stick and chant.

sh · sh » ship

sh · sh » shape

sh · sh » shell

ship

shape

shell

• Read, trace, and follow the lines.

sh ip

sh ape

sh ell

ship

shell

shape

• Stick and read the word. Draw the picture.

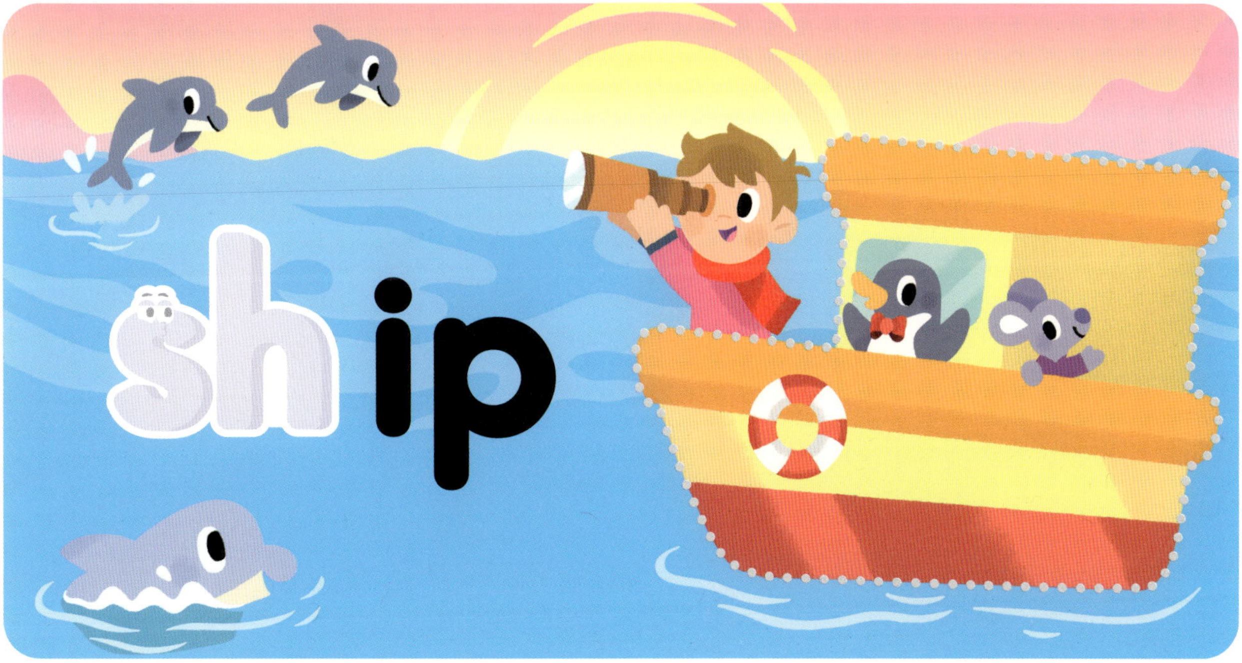

sh Sound 소리 알기

Lesson Guide

- 아이와 함께 sh 소리를 재미있게 따라 해 보세요.
  "sh는 '쉬' 소리가 났지! sh는 단어 뒤에서도 똑같이 '쉬' 소리가 나."
- 그림에서 sh가 들어간 단어를 찾아 손으로 짚어 보세요.
  "악어는 어떤 fish를 잡으려는 걸까?"

QR Scan ▶ Watch Repeat

trash

쓰레기

sh Word Chant

Chant

• Watch the video. Stick and chant.

sh · sh » dish

sh · sh » fish

sh · sh » trash

dish

fish

trash

• Read, trace, and follow the lines.

fi sh

tra sh

di sh

dish

fish

trash

• Stick and read the word. Draw the picture.

ch sh Review

1 Color the matching letters.

ch sh ch sh

ch sh ch sh

2 Read and check the words.

chat

shell

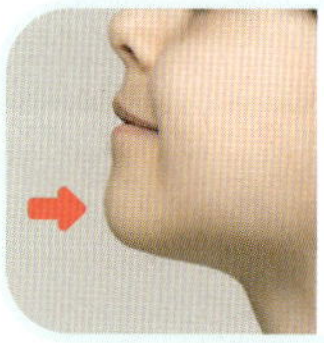

chin

dish

rich

trash

3 Match, read, and trace.

ch •

sh •

• ship 

• chop 

4 Find and circle the words. Read and trace.

sh i p ch d

ship

sh p ea ch

peach

a f i sh ch

fish

Word Review 단어 완성하기

ai

sn ai l

ay

tr ay

ee

b ee

ea

s ea l

oa

b oa t

ow

cr ow

ue

bl ue

ui

fr ui t

ch

ch op

pea ch

sh

sh ell

fi sh

Answer

Review 1 pp. 24-25

ai ay ee ea Review

❶ Color the matching letters.

ai — ai ea ai ea

ea — ai ea ai ea

❷ Read and check the words.

train ✓ feet ✓

gray ✓ tree ✓

tray ✓ seal ✓

❸ Read, trace, and circle.

snail

clay

bee

❹ Find and circle the words. Read and trace.

s r ai n ay — rain

ee b u ea t — eat

Review 2 pp. 42-43

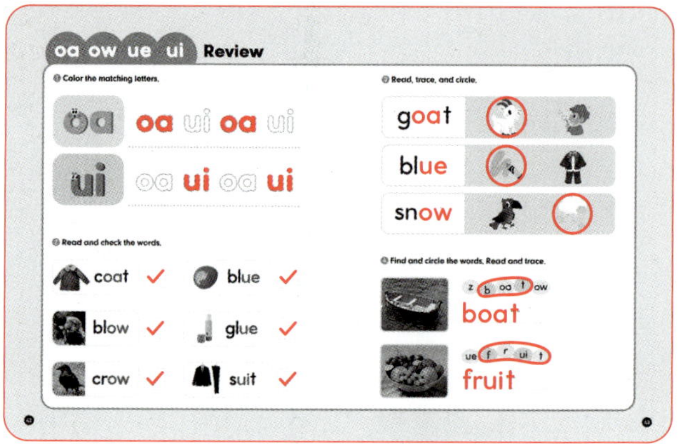
oa ow ue ui Review

❶ Color the matching letters.

oa — oa ui oa ui

ui — oa ui oa ui

❷ Read and check the words.

coat ✓ blue ✓

blow ✓ glue ✓

crow ✓ suit ✓

❸ Read, trace, and circle.

goat

blue

snow

❹ Find and circle the words. Read and trace.

z b oa t ow — boat

ue f r ui t — fruit

Review 3 pp. 60-61

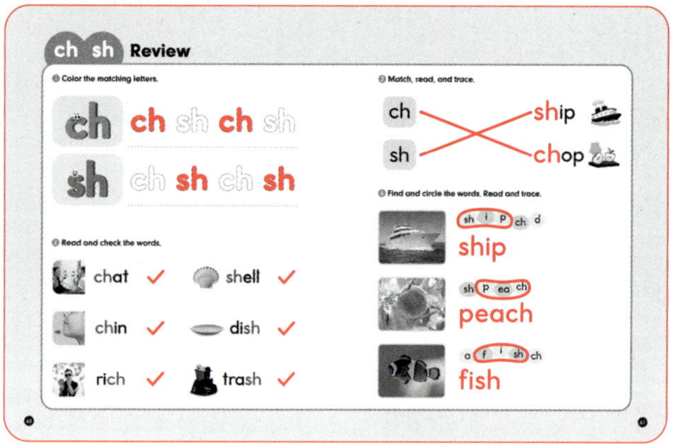
ch sh Review

❶ Color the matching letters.

ch — ch sh ch sh

sh — ch sh ch sh

❷ Read and check the words.

chat ✓ shell ✓

chin ✓ dish ✓

rich ✓ trash ✓

❸ Match, read, and trace.

ch — chop

sh — ship

❹ Find and circle the words. Read and trace.

sh i p ch d — ship

sh p ea ch — peach

a f i sh ch — fish

* 자유롭게 잘라 쓰세요.

ai

pp. 10-11

ai | snail | train | ai

ay

pp. 14-15

ay | gray | tray | ay

ee

pp. 18-19

ee | feet | tree | ee

ea

pp. 22-23

ea | sea | seal | ea

* 자유롭게 잘라 쓰세요.

oa

ow

ue

ui

pp. 28-29

oa coat goat oa

pp. 32-33

ow crow snow ow

pp. 36-37

ue glue ue

pp. 40-41

ui fruit ui

* 자유롭게 잘라 쓰세요.

pp. 46-47

ch ch chin chop ch

pp. 50-51

ch ch beach peach ch

pp. 54-55

sh sh shape shell sh

pp. 58-59

sh sh fish trash sh

SUPER MAGIC PHONICS

Congraturations!

Name: ______________________________

is a Phonics Super Kid!